Thomas Loer

Unternehmerisches Handeln – Themen und Variationen

Präliminarien und materiale Skizze

Studienhefte des
Interfakultativen Instituts für Entrepreneurship (IEP)
des Karlsruher Instituts für Technologie
Heft 5

Unternehmerisches Handeln – Themen und Variationen

Präliminarien und materiale Skizze

von
Thomas Loer

Mit einem Vorwort von Dr. Ludwig Paul Häußner

Impressum

Karlsruher Institut für Technologie (KIT)
KIT Scientific Publishing
Straße am Forum 2
D-76131 Karlsruhe
www.uvka.de

KIT – Universität des Landes Baden-Württemberg und nationales
Forschungszentrum in der Helmholtz-Gemeinschaft

KIT Scientific Publishing 2010
Print on Demand

ISSN: 1860-9465
ISBN: 978-3-86644-519-2

Zusammenfassung

Im unternehmerischen Handeln kommen Momente von Handeln über-haupt in gesteigerter Weise zum Ausdruck. Entscheidung und Vollzug, Selbstrechtfertigung und Verantwortung, Innovation und Kontinuität als Aspekte von Handeln treten in raffinierter Gestalt und in besonderer Konstellation auf. In verschiedenen Dimensionen – etwa Autonomie, Krise, Personalität, Innovation, Gestaltwahrnehmung – erweist sich der Unternehmer als ein Virtuose autonomer riskanter Entscheidung für neue Wege, die in persönlicher Erfahrung und Weltwahrnehmung gründet. Wie wurden unterschiedliche Unternehmerpersönlichkeiten wie sie sind? Eine exemplarische Betrachtung biographischer Konstella-tionen beleuchtet dies schlaglichtartig.

Abstract

Entrepreneurial acting expresses moving aspects of acting at all in an intensified manner. Decision making and performing, self-justification and responsibility, innovation and continuity, which are aspects of acting, show themselves purified and in a specific constellation. In different dimensions – such as autonomy, crisis, personality, innovation, perception of gestalt – the entrepreneur demonstrates to be a virtuoso of autonomous risky decisions for new ways, decisions, which are grounded in personal experience and open perception. How did different entrepreneurial personalities become what they are?

Inhaltsverzeichnis

Vorwort

Von den Stiftern des Lehrstuhls für Entrepreneurship ermöglicht und von den Verantwortlichen in den leitenden Organen und Gremien der Universität Karlsruhe (TH) als interfakultär gedachtes Institut ins Leben gegründet, war das Institut für Entrepreneurship (IEP) die ganze Zeit über angestiftet und bemüht, diese Stiftungs- und Gründungsidee inhaltlich auszugestalten.

An einer Universität mit technischem Schwerpunkt hat Entrepreneurship vermeintlich „Orchideencharakter". Doch Erforschtes oder Erfundenes, die Invention, braucht die Innovation im Hinblick auf Brauchbarkeit und Wertschätzung durch den Nutzer.

In Wissenschaft wie auch in der Wirtschaft ist Initiative erforderlich. Ist jeder Mensch damit schon Unternehmer? Derjenige, der in der Wirtschaft die Initiative entfaltet, also der Unternehmer im engeren Sinn, ergreift die Produktionsfaktoren *Natur* und *Geist* in dem Maß, als das *dreifache Vertrauen* seiner Kreditoren (Sparer), Mitarbeiter und Konsumenten es ihm gestattet.

Dabei verfügt jeder wirtschaftende Mensch über einen mehr oder weniger ausgedehnten Bereich des Wirtschaftslebens in freier Verantwortlichkeit, sei es als *reiner, kaufkräftiger Konsument* durch die freie Bedarfswahl, als *Sparer bzw. Investor* sowie als *Unternehmer* oder in der *Entscheidung über zu vollziehende Schenkungen.*

Doch was ist das Besondere am Unternehmersein und vor allem am unternehmerischen Handeln?

Durch die interfakultäre Ausrichtung des Instituts war es über die Vorlesungen der Unternehmerprofessoren Reinhold Würth (1999 – 2003) und Götz W. Werner (2003 – 2010) hinaus in all den Jahren möglich, Entrepreneurship aus verschiedenen wissenschaftlichen Perspektiven zu behandeln – und so nicht auf rein wirtschaftswissenschaftliche Aspekte zu verengen.

Das Arbeitsmotto des Instituts – *Unternimm dich selbst - Unternimm für andere - Unternimm die Zukunft* – führte dazu, die unterschiedlichen Dimensionen unternehmerischen Seins und Handelns zu behandeln –

z. B. Seminare aus existenzphilosophischer Perspektive („Entrepreneurship und Ethik – Worin gründet ein Existenzgründer seine Existenz?"), Seminare aus ordnungspolitisch-sozialorganischer Perspektive („Entrepreneurship und Gesellschaftsordnung") und eben Seminare aus soziologischer Perspektive, wie „Unternehmerisches Handeln".

Letztgenanntes stieß bei den Studierenden auf eine derart große Nachfrage, dass es regelmäßig überbucht war und zeitweise sogar zweimal pro Semester angeboten werden musste – und aus den Stiftungsmitteln auch finanziert werden konnte.

Unternehmerisches Handeln wurde dabei nicht auf das zweckrationale Handeln eines fiktiven „homo oeconomicus" der Wirtschaftswissenschaften reduziert, sondern als soziales Handeln aus soziologischer Perspektive verstanden, das sicherlich Besonderheiten aufweise aber über das rein rollenförmige Handeln hinausgehen dürfte. Letztlich handelt der Unternehmer immer als *Person*. Unternehmerisches Handeln gründet wesentlich in seiner personalen Existenz und ist Ausdruck seiner Fähigkeiten und Initiative. Unternehmerisches Handeln ist dabei immer auch ein Handeln aus reflektierten Erfahrungen einerseits und ein Handeln aus dem Geist (Imagination – Inspiration – Intuition) andererseits.

So sind für den Schweizer Unternehmer und SWATCH-Erfinder Nicolas Hayek drei Dinge wichtig. „Man muss sich die Phantasie eines Sechsjährigen erhalten, der an das Unmögliche glaubt. Das muss ein Unternehmer tun. Zweitens: Man darf die Gesellschaft nicht so ernst nehmen. Ich bin immer ein Rebell geblieben. Das Dritte: Man darf dem Druck, den die Gesellschaft ausübt nicht nachgeben, sondern muss tun, was man für richtig hält."[1]

Der Wissenschaftler und Unternehmer Amar Gopal Bose[2] drückt den Unternehmergeist mit folgenden Worten aus: „Dafür habe ich die Firma schließlich gegründet – um interessante Dinge zu tun, die vorher noch niemand ausprobiert hatte."

---

[1] http://www.sueddeutsche.de/wirtschaft/315/343156/text/ – Abruf: 29.04.2010
[2] http://sz-magazin.sueddeutsche.de/texte/anzeigen/24432 – Abruf: 29.04.2010

Der Mitbegründer des Software-Unternehmens SAP, Dietmar Hopp[3], beschreibt sein unternehmerisches Handeln so: „Wir müssen den Leuten immer mit Menschlichkeit begegnen, [...] Ich bin ja bekannt dafür, dass ich zum Beispiel bei der SAP extrem gute Erfahrungen damit gemacht habe, dass ich Mitarbeiter verwöhnt und dafür Leistung zurückbekommen habe."

Die vorliegende Publikation ist auch deshalb Realität geworden, weil die Studierenden ihren Anteil am „Unternimm mit anderen" beigetragen haben, indem sie den Biografien unterschiedlichster Unternehmer nachgeforscht und in den Seminaren ihre Forschungsergebnisse präsentiert haben.

Last but not least war es ein Glück, mit dem Soziologen Thomas Loer von der Technischen Universität Dortmund einen Dozenten für die Seminare gewinnen zu können, für den die „Soziologie des Unternehmers" ein fruchtbares Feld ist, aus dem insbesondere durch interdisziplinäre Bestellung und Ernte noch viele aufschlussreiche Erkenntnisse erwachsen können. Vielleicht geht der eine oder andere Unternehmer ja wieder einmal stiften ...

Dr. Ludwig Paul Häußner

---

[3] http://www.faz.net/s/RubBC20E7BC6C204B29BADA5A79368B1E93/Doc~E8E7A441283C74CFB8105C7DEE28F6588~ATpl~Ecommon~Scontent.html – Abruf: 29.04.2010

1 Allgemeine Vorbemerkung

Unternehmerisches Handeln zeichnet sich dadurch aus, dass die beiden Aspekte von Handeln überhaupt: *Entscheiden in eine offene Zukunft hinein* einerseits und *verantwortende Begründung* für die Entscheidung andererseits, in gesteigerter Form vorliegen.

Dass *Entscheiden* ein Aspekt allen Handelns ist, auch des Routine-Handelns, wird deutlich, wenn man sich klar macht, dass Handeln stets das Lösen von Problemen bedeutet. So stellt die routiniert absolvierte tägliche Autofahrt zur Arbeitsstelle etwa eine Lösung für das Problem des Ortswechsels dar – und zwar eine Lösung, die sich bewährt hat und die deshalb zur Routine wurde. Aber auch zu dieser bewährten Lösung mussten wir uns einmal entscheiden; und selbst wenn jemand uns etwa den Weg empfohlen hat, so musste sich diese Lösung auch für uns erst einmal bewähren – sie könnte auch scheitern (etwa weil wir zu lange brauchen; unser Auto für die schmale Straße zu breit ist; der Fußweg vom Parkplatz an einem Hof mit Hund vorbeiführt, vor dem wir Angst haben; …). Wie in der Genesis Gott sich seiner Schöpfung zuwendet, um zu sehen, ob gut ist, was er schuf, so müssen auch wir das Ergebnis unserer Entscheidung prüfen, um zu sehen, dass es gut war, so gehandelt zu haben. Dass dies nicht immer in einem Akt expliziter Beurteilung geschieht, ändert nichts daran, dass nur wenn die Entscheidung sich für uns bewährt, wir künftig angesichts des gleichen Problems wieder so handeln und daraus eine Routine entstehen lassen und somit eine einmal getroffene Entscheidung immer wieder vollziehen.

Eine *Begründung* für unsere Entscheidungen müssen wir in der Regel explizit nur geben, wenn sie von uns verlangt wird. Bei Routine-handlungen scheint die Notwendigkeit zur Begründung, genauer: zur *Selbstrechtfertigung*, aufgehoben zu sein; wenn allerdings die Routine, also die bewährte Lösung eines Handlungsproblems, angesichts dessen Veränderung scheitert, oder wenn sie aufgrund ihrer kumulierenden Folgen fragwürdig wird – wofür etwa die Diskussion um die Folgen überkommener Verkehrsweisen für das Klima ein Beispiel ist –, so zeigt sich, dass die Selbstrechtfertigung nur aufgeschoben ist. Angesichts der bekannten Umstände und angesichts unserer Wertmaßstäbe war die Lösung bislang die beste uns mögliche. Wir rechtfertigen also gegebenenfalls unser Handeln letztlich mit Bezug auf uns selbst: mit Bezug auf unsere Kenntnisse über die Welt, unsere Stellung in der Welt und unsere Haltung zur Welt.

Die Entscheidung und die Selbstrechtfertigung können wir auf unsere Kenntnisse über die Welt stützen, aber nicht aus ihnen ableiten; die Entscheidung kann durch unsere Stellung in der Welt ermöglicht und mit Bezug darauf gerechtfertigt, aber auch hieraus nicht abgeleitet werden; vielmehr müssen wir sie aus unserer Haltung zur Welt heraus und mit unserer Haltung zur Welt verantworten.

Wenn wir nun auch bei guter Kenntnis über die Welt, über all die unser Handeln betreffenden Aspekte, und bei einer Stellung in der Welt, die uns mit bestimmten Möglichkeiten versieht, unsere Entscheidung weder aus dieser Kenntnis noch aus diesen Möglichkeiten ableiten können, wenn wir vielmehr auch dann die Entscheidung aus unserer Haltung zur Welt heraus und mit unserer Haltung zur Welt so verantworten müssen, dass wir gewissermaßen eine Wette aufs Gelingen eingehen – um wieviel mehr muss dies dann der Fall sein, wenn wir etwas Neues tun, etwas Neues wagen wollen: etwas, worüber wir nur geringste Kenntnisse haben können, eben weil es neu ist, etwas, dessen Möglichkeit wir kaum einschätzen können, eben weil es neu ist ... Um wieviel mehr müssen wir dann aus unserer Haltung zur Welt heraus das Wagnis eingehen – oder eben es vermeiden. Und wenn wir das Wagnis eingehen: um wieviel mehr müssen wir es uns zutrauen, die unbekannten Schwierigkeiten, die sich ergeben können, zu meistern.

Unternehmerisches Handeln besteht nun gerade im Kern darin, dasjenige, was bei der Berücksichtigung aller Kenntnisse und unter Ausschöpfung aller Möglichkeiten dennoch ungewiss bleibt, nicht nur als unvermeidbares Moment allen Handelns in Kauf zu nehmen, sondern es geradezu aufzusuchen – im Vertrauen darauf, dass der eingeschlagene Weg sich bewähren wird.

Um dies tun zu wollen und tun zu können, bedarf es einer besonderen *Haltung zur Welt*, die ich an anderer Stelle als *Freimut* gekennzeichnet habe (LOER 2006). Woher aber kommt diese Haltung bei Unternehmern? Welche Formen nimmt sie bei ihnen an? – Diese Fragen sollen auf den folgenden Seiten ausgearbeitet werden. Sie können auf dem engen Raum, der hier zur Verfügung steht, nicht beantwortet werden; aber je genauer eine Frage gestellt wird, umso leichter drängt sich die Gestalt ihrer Antwort auf: Wie ein Model, dass der Buttermasse ihre Form gibt, gibt die Frage dem Stoff ihrer Antwort die Gestalt. Dieser genauen Ausarbeitung der Frage dienen also die hier vorgestellten Überlegungen, die an exemplarischen

Fällen Variationen der Themen unternehmerischen Handelns und unternehmerischer Haltung zur Welt darstellen und so die Themen selbst in ihrer Grundgestalt hervortreten lassen sollen.

2 Unternehmerisches Handeln als Steigerung bestimmender Momente menschlichen Handelns überhaupt

2.1 Handeln als regelgeleitetes Verhalten

Handeln ist regelgeleitetes Verhalten.[1] Regeln eröffnen im Handeln Anschlussmöglichkeiten und legen deren Bedeutung fest. So kann man etwa auf einen Gruß entweder (a) zurückgrüßen oder (b) dies unterlassen; mit (a) geht man dabei die Verpflichtung ein, ein weitergehendes Gespräch, das der Grüßende wünscht, zu führen oder begründet zu verweigern; mit (b) verweigert man die angesonnene Gemeinsamkeit und der Grüßende müsste es seinerseits begründen, wenn er doch noch mit dem Gegrüßten ein Gespräch führen wollte. Ein Gruß macht durch diese Regel aus einem Schweigen eine Unterlassung des Zurückgrüßens – objektiv und unabhängig davon, was die Handelnden dabei denken. Und solche Regeln leiten das Handeln – nicht, indem sie vorgeben, *was* zu tun ist, sondern, indem sie vorgeben, *dass* etwas zu tun ist und welche Möglichkeiten mit welchen Konsequenzen hierfür bestehen, also: dass wir uns entscheiden und mit der Entscheidung für eine bestimmte Option deren Folgen in Kauf nehmen müssen. Diese Regeln, die überhaupt Handeln als Handeln ausmachen, indem sie Handlungsmöglichkeiten eröffnen, nennt der amerikanische Philosoph John R. Searle *konstitutive Regeln*.[2]

Welche der durch die konstitutiven Regeln eröffneten Möglichkeiten der Handelnde auswählt, das liegt in seiner Entscheidung, der er sich nicht entziehen kann: Wir können uns nicht nicht-entscheiden.[3] Aller-

---

[1] Für eine ausführliche und formale Darstellung hierzu s. LOER 2008.

[2] „Konstitutive Regeln [...] regeln nicht nur, sondern erzeugen oder prägen auch neue Formen des Verhaltens. Die Regeln für Fußball oder Schach zum Beispiel regeln nicht bloß das Fußball- oder Schachspiel, sondern sie schaffen überhaupt erst die Möglichkeit, solche Spiele zu spielen. Die Handlungen beim Fußball- oder Schachspiel sind dadurch konstituiert, daß sie in Übereinstimmung mit (zumindest) dem größeren Teil der entsprechenden Regeln ausgeführt werden." (SEARLE 1983: 54)

[3] Diese Formulierung ist dem bekannten Diktum des Kommunikationsforschers Paul Watzlawick entlehnt: „Man kann nicht nicht kommunizieren." (WATZLAWICK/BEAVIN/JACKSON 1996: 53) – Aus unternehmerischer Sicht hat der Inhaber von „trigema", Wolfgang Grupp, das einmal klar formuliert: „Nichtent-

dings gehen auch in diese Entscheidung Regeln ein: Normen, Konventionen, Gewohnheiten … So werden etwa Höflichkeitsnormen den Gegrüßten dazu bewegen, zurückzugrüßen – auch wenn er dazu vielleicht weder Lust verspürt noch an den Folgen ein Interesse hat. Diese Regeln, die bereits gegebene Sachverhalte regeln, nennt SEARLE *regulative Regeln.*[4]

Von Regeln, die unser Handeln leiten, kann, anders als von Naturgesetzen, stets abgewichen werden. Das bedeutet, dass der Handelnde seine Entscheidung letztlich stets selbst treffen und verantworten muss. Es ist also festzuhalten, dass wir uns zum einen, bedingt durch die Handeln überhaupt konstituierenden Regeln, in Räumen von Handlungsmöglichkeiten bewegen und nicht umhin können, uns zu entscheiden; dass wir zum anderen in unseren Entscheidungen vorgegebenen Mustern: den regulativen Regeln, folgen, aber, da wir prinzipiell von diesen Regeln abweichen können, auch dann letztlich unsere Entscheidungen selbst verantworten müssen.

2.2 Entscheiden und Vollziehen
als unterschiedliche Momente des Handelns

Nun könnte man einwenden, dass wir doch im Laufe des Tages viele Handlungen routinisiert vollziehen, ohne uns jedes Mal zu entscheiden, ohne dass wir das, was wir tun, unbedingt so tun wollen, wie wir es tun, ja ohne überhaupt uns zu dem Tun jedes Mal zu entschließen. Wie selbstverständlich nehmen wir etwa täglich die gleiche Route zur Arbeitsstelle, halten vor roten Ampeln und fahren bei grünem Licht weiter usw.; und wenn uns jemand eines Tages fragte, wie oft wir etwa auf unserem täglichen Weg vor einer roten Ampel gehalten hätten, so wüssten wir es nicht zu sagen. Indem wir so handeln – es wurde oben bereits einmal darauf hingewiesen –, vollziehen wir lediglich bereits getroffene Entscheidungen. Handeln besteht also analytisch betrachtet aus den Momenten ‚Entscheiden‘ und ‚Vollziehen‘; diese können unterschiedliche Phasen des Handelns darstellen oder

---

scheiden ist die schlimmste Fehlentscheidung.“ Damit machte er deutlich, dass auch das vermeintliche Nichtentscheiden eine Entscheidung darstellt.

[4] „Die regulativen Regeln können wir zunächst als Regeln charakterisieren, die bereits bestehende oder unabhängig von ihnen existierende Verhaltensformen regeln – zum Beispiel regeln viele Anstandsregeln zwischenmenschliche Beziehungen, die unabhängig von jenen Regeln existieren.“ (SEARLE 1983: 54)

auch zeitlich zusammenfallen. Das Moment des Entscheidens kann genauso manifest sein wie das Vollziehen, es kann aber auch latent bleiben; ersteres ist eher in uns bedrängenden Entscheidungskrisen der Fall, letzteres bei der undramatischen Erledigung sich wiederholender Routineaufgaben.

Allerdings ist dabei zu beachten, dass auch das jeweilige Vollziehen einer Routine-Handlung eine – latent bleibende – Entscheidung impliziert, denn jedesmal, wenn man routiniert ins Auto steigt, um den gewohnten Weg zur Arbeit zu fahren, könnte man ja auch von der Routine abweichen; das heißt man entschließt sich jedesmal dazu, der Routine zu folgen. Hierbei ist es wichtig zu sehen, dass es sich auch dann objektiv um eine Entscheidung handelt, wenn dieser Entschluss nicht bewusst getroffen, also subjektiv nicht unbedingt gewärtigt wird.

2.3 Entscheiden und Selbstrechtfertigung als Momente von Handeln

Wie bereits oben angedeutet, gehört als unabdingbares Moment zum Handeln nicht nur das Entscheiden zwischen von Regeln eröffneten Optionen; vielmehr ist es ebenso unabdingbar, diese Entscheidung selbst zu rechtfertigen – auch wenn diese Unabdingbarkeit häufig suspendiert ist. Wie ist das zu verstehen? Jede Entscheidung könnte grundsätzlich auch anders ausfallen; erst das macht sie zu einer Entscheidung, denn wenn wir, wie die instinktgesteuerten Tiere, keine Wahl hätten, würde das Wort ‚Entscheidung' seinen Sinn verlieren. Wenn wir aber stets auch anders hätten entscheiden können, dann drückt sich in jeder Entscheidung unsere ganze Person aus: Wir sind derjenige, der hier und jetzt so und nicht anders entschieden hat. In jeder Entscheidung drücken wir also unsere Haltung zur Welt aus und müssen sie gegebenenfalls verantworten.[5]

Das ist dann einfach, wenn wir bekannte und anerkannte Ziele mit effektiven, effizienten und anerkannten Mitteln verfolgen, wenn wir also in unserem Handeln überkommenen Schemata folgen. Wer etwa

---

[5] Hier ist die materiale Grundlage auch für das Haftungsprinzip in der Marktwirtschaft zu sehen, auf dessen konstitutive Bedeutung schon Walter Eucken hingewiesen hat (vgl. EUCKEN 1968: 279-284; „Haftung ist nicht nur eine Voraussetzung für die Wirtschaftsordnung des Wettbewerbes, sondern überhaupt für eine Gesellschaftsordnung, in der Freiheit und Selbstverantwortung herrschen." – a. a. O.: 285) und das neuerdings wiederentdeckt wurde (vgl. STIGLITZ 2009, dazu STARBATTY 2010).

das Ziel der Produktivitätssteigerung mit Mitteln der Verbesserung von Arbeitsbedingungen verfolgt, wird heute kaum zu expliziter Selbstrechtfertigung seines Handelns angehalten und er fühlt sich auch nicht dazu aufgerufen. Zu Zeiten aber, wo zwar das Ziel bekannt und anerkannt war, dieser Weg dorthin aber keineswegs – also etwa als Robert Bosch bei der Einrichtung seiner neuen Fabrikgebäude in Stuttgart-Feuerstein besonderen Wert auf gute Belüftung und Beleuchtung legte (vgl. HEUSS 1975: 139), den Acht-Stunden-Tag einführte (vgl. a. a. O.: 117) und generell auf gute Entlohnung achtete –, fühlt man sich durchaus zur Selbstrechtfertigung aufgerufen – und so ist in bezug auf letzteres Robert Boschs bekannte Äußerung zu verstehen: „Ich zahle nicht gute Löhne, weil ich viel Geld habe, sondern ich habe viel Geld, weil ich gute Löhne bezahle." (A. a. O.: 306) Kurz gesagt: Wer neue Wege beschreitet, muss sich meist explizit rechtfertigen; da aber, wenn es sich wirklich um neue Wege handelt, Kriterien für eine Rechtfertigung gerade nicht bestehen, bedarf es eines ausgeprägten Selbstvertrauens, eines Vertrauens in die Richtigkeit der eigenen Situationseinschätzung und in die eigene Fähigkeit und Kraft, den neuen Weg erfolgreich zu beschreiten. Überzeugt, das Richtige zu tun und es zu schaffen, kann der Innovator erst nachträglich sein Handeln rechtfertigen – sowohl im Falle des Gelingens wie im Falle des Scheiterns –; ausweichen kann er der verantwortenden Begründung seines Tuns aber nicht. Dies antezipierend berücksichtigt der verantwortlich Handelnde bei seiner Entscheidung alle Aspekte bezüglich des zu setzenden Ziels und des einzuschlagenden Wegs, die bekannt sind; dies unterscheidet ihn vom Hasardeur. Zugleich lässt er sich aber seine Handlungsmöglichkeiten nicht von den bekannten Aspekten beschränken, sondern strebt danach, neue Ziele und Wege wahrzunehmen – im doppelten Sinne des sie Erkennens und des sie Ergreifens; das unterscheidet ihn vom bürokratischen Verwalter des Gewohnten (vgl. hierzu MERTON 1940).

2.4 Regeln, Entscheidung, Vollzug und Selbstrechtfertigung im unternehmerischen Handeln

Wie alles Handeln wird auch unternehmerisches Handeln durch konstitutive Regeln ermöglicht und wie in alles Handeln gehen auch in unternehmerisches Handeln regulative Regeln ein. Gehen wir zunächst von wirtschaftlichem Handeln aus, von dem unternehmerisches Handeln prima vista eine Form darstellt. Mit Max Schmidt fassen wir hier „den

Begriff ‚Wirtschaft' [...] in dem gewöhnlichen Sinne, wonach Wirtschaft alle jene Einrichtungen und Vorgänge umfaßt, welche auf die Versorgung des Menschen mit den zur Befriedigung der Lebensbedürfnisse erforderlichen Sachgüter gerichtet sind." (SCHMIDT 1920: 29) Allerdings ist zu beachten, dass der psychologische Begriff des Bedürfnisses zu ungenau ist.[6] Bedürfnisse sind beim Menschen, anders als beim Tier, nicht einfach da – bestimmt durch Instinkte und biologische Verfassung; vielmehr handelt es sich bei dem, was beim Menschen „befriedigt" wird, immer um etwas schon kulturell Gedeutetes. Selbst „seine elementaren Bedürfnisse" (KÜNG 1980: Sp. 3359) (Nahrungsaufnahme, Schlaf, „Schutz [...] gegen die Unbill der Witterung", Sexualität), die vermeintlich biologisch bestimmt sind, sind, wie Hungerstreikende, Schlafkünstler und keusch lebende Geistliche belegen, in hohem Maße oder gar vollständig durch kulturelle Normen geprägt. Insofern ist es analytisch nicht sinnvoll, beim Menschen von Bedürfnissen zu sprechen; der Mensch hat vielmehr Handlungsprobleme: aus seiner Weltdeutung und seiner Haltung zur Welt in seinen Lebensumständen sich ergebende Aufgaben. In diesem Verständnis umfasst der *Begriff der Wirtschaft* alle jene *Einrichtungen und Vorgänge, welche auf die Versorgung der Menschen mit den zur Lösung ihrer Handlungsprobleme erforderlichen Mitteln: Sachgütern, Prozessen, Diensten, gerichtet sind.* Dabei gibt es auch für den Menschen universelle Handlungsprobleme, die zu lösen er nicht umhin kommt: „Überall, wo wir den Menschen in der Gegenwart beobachten, und überall, wo wir seinen Spuren aus der Vergangenheit nachfolgen können, haben wir es mit einem Wesen zu tun, das nur innerhalb gewisser wirtschaftlicher Verkehrsformen imstande ist, den Erfordernissen der Selbsterhaltung und damit zugleich der Arterhaltung nachzukommen."[7] Dies ist darin begründet, „daß die Güterproduktion als solche an gewisse soziale Bedingtheiten geknüpft

Der Begriff ‚Wirtschaft' umfasst alle jene Einrichtungen und Vorgänge, welche auf die Versorgung der Menschen mit den zur Lösung ihrer Handlungsprobleme erforderlichen Mitteln: Sachgütern, Prozessen, Diensten, gerichtet sind.

---

[6] Etwas weniger problematisch, aber ebenfalls genauer zu bestimmen, ist die Rede vom Bedarf (etwa SOMBART 1959: 652). Am weitesten öffnet Alfred Marshall seine Bestimmung des Gegenstands der Wirtschaftswissenschaft für die Aspekte der Deutung und Wertung: „that part of individual and social action which is most closely connected with the attainment and with the use of the material requisites of wellbeing." (MARSHALL 1997: 1).

[7] SCHMIDT 1920: 40; Schmidt nimmt damit implizit Bezug auf die allgemeinen Handlungsprobleme, die die nicht-humanen Tiergattungen als Funktionsprobleme mit der Gattung Mensch teilen: materielle und sexuelle Reproduktion.

ist, indem sie nur von mehreren menschlichen Individuen in Gemeinschaft ausgeübt werden kann. Und da die Güterproduktion schlechterdings Voraussetzung der [...] Selbsterhaltung und Arterhaltung ist, so sind indirekt auch die Selbsterhaltung und Arterhaltung des Menschen an diese sozialen Bedingtheiten geknüpft." (A. a. O.: 43f.) Dies gilt schon für die Subsistenzwirtschaft, also die Wirtschaftsform der Selbstversorgung, die nicht ohne Produktivgüter und vor allem ohne Versorgung der noch nicht oder nicht mehr Arbeitsfähigen zu denken ist; erst recht natürlich trifft es für Gesellschaften mit ausgeprägt arbeitsteiliger Organisation von Güterproduktion, -transport und -erhaltung zu.

Im Rahmen dieser Einrichtungen und Vorgänge ist unternehmerisches Handeln angesiedelt. Um noch einmal Max Schmidt heranzuziehen, dessen ethnologische Volkswirtschaftslehre den großen Vorteil hat, von der Vielfalt wirtschaftlicher Erscheinungen auf dieser Welt auszugehen und die allgemeinen Momente des wirtschaftlichen Handelns nicht als Momente eines theoretisch gedachten, sondern als Momente empirisch vorfindlicher Einrichtungen und Vorgänge in oben angeführtem Sinne aufzuweisen – um also nochmals Max Schmidt heranzuziehen, so können wir „drei Prinzipien des wirtschaftlichen Verkehrs unterscheiden. Der mit gewaltsamen Mitteln durchgeführten Konkurrenz, d. h. dem auf der Grundlage der Gewalt beruhenden Prinzip, stehen die beiden mit friedlichen Mitteln operierenden, auf der Grundlage des Rechts beruhenden Prinzipien gegenüber, die wir als das verkehrswirtschaftliche oder privatwirtschaftliche einerseits und das gemeinwirtschaftliche Prinzip andererseits bezeichnen können." (A. a. O.: 138) Diese Prinzipien regulieren das wirtschaftliche Handeln überhaupt, dass durch die Regeln der Sozialität[8] in Bezug auf die Selbst- und Arterhaltung durch Güterproduktion konstituiert wird. Für das unternehmerische Handeln stellt nun das „verkehrswirtschaftliche oder privatwirt-

---

[8] Die grundlegende Regel der Sozialität, die überhaupt menschliches Handeln konstituiert, ist die Reziprozität; sie besagt, dass jegliches Handeln Möglichkeiten der Antwort eröffnet und wir nicht wählen können, *ob* wir antworten, sondern nur, *wie* wir antworten; zugleich stellt damit jegliches Handeln selbst eine Antwort auf ein vorausgegangenes Handeln dar. Beim Tier ist das Nichtstun schlicht ein Nichtreagieren auf Umweltbedingungen, da eine Reaktion auf diese in seinem biologischen Programm nicht vorgesehen ist. Beim Menschen ist das Nichtstun eine Entscheidung zum Ignorieren von Aspekten seiner Welt: von Handlungsmöglichkeiten; dies impliziert ein In-Kauf-Nehmen der Folgen dieses Ignorierens und verhält sich damit ebenso reziprok zu dem Ignorierten wie ein Handeln, das in einem Beachten der eröffneten Möglichkeiten besteht.

schaftliche" Prinzip die konstitutive Regel dar; nur unter der Geltung dieses Prinzip ist unternehmerisches Handeln möglich.

„Eine idealtypische Verkehrswirtschaft besteht aus *Betrieben* und *Haushalten*, die miteinander in Verkehr oder Tausch stehen." (EUCKEN 1959: 87) Dieser Verkehr als wirtschaftlicher dient, wie oben angeführt, der Versorgung der Menschen mit den zur Lösung ihrer Handlungsprobleme erforderlichen Mitteln. Hierzu erfolgt in den Betrieben – da wir uns hier nicht, wie Eucken, auf der idealtypischen Ebene bewegen wollen, können wir von Unternehmen sprechen – hierzu erfolgt also in den Unternehmen „durch Kauf und Kombination von Arbeitsleistungen und sachlichen Produktionsmitteln die Produktion von Waren oder Leistungen" (ebd.): Sachgütern, Prozessen, Diensten. Diese Aufgabe des Unternehmens erfordert es nun an verschiedenen Stellen, dass sein Leiter, also der Unternehmer, Entscheidungen trifft, die er entsprechend verantworten muss.

Die zentrale Entscheidung betrifft das *Angebot*, das er den Haushalten zur Lösung ihrer Handlungsprobleme machen will. Hierzu gehört es, dass der Unternehmer die Handlungsprobleme seiner potenziellen Kunden als solche erkennt, dass er Lösungen für diese Handlungsprobleme ebenso wie Wege sieht, diese bereitzustellen, und dass er erschließt, ob und inwiefern die potenziellen Kunden diese Lösungen wertschätzen und dieser Wertschätzung durch Kauf Ausdruck geben würden. In dieser Hinsicht muss er den Markt, auf dem sein Angebot der Nachfrage des Kunden begegnet (vgl. a. a. O.: 88), prüfen, wozu eben nicht nur die Prüfung der Brauchbarkeit (vgl. BRENTANO 1907: 5; LOER 2006: 22f.) seines Angebots als Lösung für ein Problem gehört, sondern ebenso die Deutung, ob diese Lösung für die potenziellen Kunden einen Wert (vgl. BRENTANO 1907: 10; LOER 2006: 23) hat; *ein Unternehmer muss sich also als Hermeneut des Marktes erweisen.*

Unternehmer sind Hermeneuten des Marktes.

Darüber hinaus muss er die auf die zentrale Entscheidung bezogenen weiteren Entscheidungen darüber treffen, auf welche Weise er die *Produktion* und den *Vertrieb* seines Angebots *organisieren* und wie er die dafür erforderlichen *Produktionsmittel beschaffen* und gegebenenfalls erforderliche *Kredite erlangen* will.

Wenn es sich bei dem Betrieb um eine mehrgliedrige Organisation handelt, wenn also der Unternehmer sich entschieden hat, Produktion und Vertrieb seines Angebots mit Hilfe von Mitarbeitern zu organisieren, so treten hier deutlich die Handlungsmomente Entscheidung und Vollzug als Phasen, die sogar auf unterschiedliche Akteure verteilt sind, auseinander.[9] Für die Frage der Verantwortung und Haftung und entsprechend der Selbstrechtfertigung bedeutet dies, dass stets empirisch zu klären ist, welche Instanz im Prozess des unternehmerischen Handelns die Entscheidung trifft und welche die getroffene Entscheidung – in welch komplexer Weise auch immer – vollzieht.

Die Entscheidungen in den genannten Bereichen sind es, die Folgen haben – Folgen, die sich als positiver Erfolg oder als Scheitern[10] erweisen können, was sich im Rahmen des wirtschaftlichen Handelns als Gewinn oder Verlust, unter den gegebenen Bedingungen der kapitalistischen Verkehrswirtschaft,[11] als Rentabilität zeigt: „Innerhalb einer kapitalistischen Ordnung der gesamten Wirtschaft würde ein kapitalistischer Einzelbetrieb, der sich nicht an der Chance der Erzielung von Rentabilität orientierte, zum Untergang verurteilt sein."[12] Durch die Offensichtlichkeit von Rentabilität oder Untergang, die als Handlungsfolgen verantwortet werden müssen, wird die Selbstrechtfertigung des Unternehmers auch explizit unabweislich. Dass das Rechnungswesen dem Anspruch auf rationale Begründbarkeit des unternehmerischen Handelns gerecht zu werden versucht, ist ein Aspekt der Selbstrechtfertigung, auch wenn sie sich darin keineswegs erschöpfen kann.

---

[9] Das systematisch wichtige Moment der Wahrnehmung, auf das Ludwig Paul Häußner (s. Fn. 13) zu Recht verwies, ist hier nicht thematisch.

[10] Ferdinand Rohrhirsch unterscheidet triftig Fehlermachen und Scheitern; Fehler ergeben sich in berechenbaren Zusammenhängen; Scheitern kann nur, wer eine Entscheidung in die offene Zukunft hinein wagt (ROHRHIRSCH 2009: 14, passim).

[11] Ohne hier auf verschiedene Versuche, den Kapitalismus begrifflich zu bestimmen, eingehen zu können, beziehe ich mich in Anlehnung an Werner Sombart und Max Weber abkürzend auf die Aspekte der Erwerbsorientierung, der rationalen Organisation sowie des Einsatzes von Fremdkapital; letzteres hat insofern auch für Unternehmen mit einer Eigenkapitalquote von hundert Prozent Bedeutung, da damit ein allgemeiner Maßstab für die Bemessung des Werts gesetzt ist.

[12] WEBER 1920: 4 – bezogen auf die spezifische Form der kapitalistischen Ordnung der Verkehrswirtschaft; vgl. LIEBERMANN/LOER 2010.

3 Variationen unternehmerischen Handelns – und ihre Themen

3.1 Vorbemerkung

Die bis hierher benannten Aspekte unternehmerischen Handelns werden im folgenden exemplarisch anhand von historischen und zeitgenössischen Unternehmerpersönlichkeiten genauer betrachtet. Dazu werden zunächst Dimensionen unternehmerischen Handelns expliziert, in denen dann das Handeln von ausgewählten Unternehmern in seinen Besonderheiten aufgewiesen wird.[13] Aus diesen Variationen sollen sodann ihre Themen herausgearbeitet werden, um schließlich in einem letzten Schritt ausgewählte biographische Konstellationen daraufhin zu befragen, inwiefern sie den Grund für die Wahl der Themen und die Hervorbringung der je spezifischen Variationen abgeben.

3.2 Dimensionen

A Autonomie vs. Heteronomie

Die erste Dimension des unternehmerischen Handelns, die hier betrachtet werden soll, spannt sich zwischen Polen auf, die den analytischen Momenten des Handelns überhaupt: Entscheidung und Vollzug, ähneln. In dieser Dimension findet sich am Pol der Autonomie derjenige, der selbst (autos) entscheidet, und am Pol der Heteronomie derjenige, der die Entscheidungen eines anderen (heteros) vollzieht. Nun liegt nach dem oben Ausgeführten auf der Hand, dass Unternehmer sich eher am ersten Pol finden lassen. Welche Ausprägungen finden sich aber in dieser Dimension der Autonomie? Wie wird sie erlangt und aufrechterhalten? Bei allen im Zusammenhang mit meinen Karlsruher Seminaren (vgl. vorhergehende Fn.) behandelten Unternehmern wird deutlich, dass

---

[13] Sehr bedanken möchte ich mich bei den Studenten meiner Seminare zum Thema unternehmerischen Handelns, die ich seit dem Sommersemester 2008 regelmäßig am Interfakultativen Institut für Entrepreneurship des Karlsruher Instituts für Technologie, vormals Universität Karlsruhe (TH), abhalte, für die reichhaltigen Einblicke in das Handeln und die Biographien vieler unterschiedlicher Unternehmer, welche mir insbesondere durch die dort gehaltenen Referate zuteil wurden. Ebenso möchte ich Ludwig Paul Häußner (Landau, vormals Karlsruhe) danken, der in den meisten der genannten Seminare mein Mit-Dozent war und mich zum Verfassen dieses Studienhefts nachhaltig ermuntert hat.

diese Dimension eine große Rolle spielt. – Einige Beispiele mögen das beleuchten.

Beginnen wir mit *Robert Bosch*, der als eine der interessantesten Unternehmerpersönlichkeiten gelten kann. Theodor Heuss, dessen Biographie des Unternehmers Bosch eine reichhaltige Quelle aufschlussreicher Begebenheiten, Konstellationen und auch Deutungen ist, berichtet etwa Folgendes: „Als Bosch seine Werkstätte aufmachte, kaufte er sich auch ein Hauptbuch, um die Einnahmen und Ausgaben einzutragen; vorsorglich entfernte er – ein charakteristischer Vorgang – das damals solchen Büchern vorangesetzte Blatt, dem die Worte ‚Mit Gott!' aufgedruckt waren." (HEUSS 1975: 69) Die Deutung dieses entschiedenen Handelns, die Heuss anfügt, erscheint – da wir wissen, dass Bosch nicht etwa ein eifernder Atheist war[14] – sehr treffend: „Für Erfolg oder Mißerfolg wollte er selber gerade stehen und nicht Gott bemühen." Dieses Streben nach autonomer Entscheidung und nach Übernahme der Verantwortung dafür zeigt sich bei Bosch immer wieder; die Heuss'sche Biographie liefert dafür reichhaltige Belege aus den verschiedenen Sphären seines Handelns;[15] für seine unternehmerische Tätigkeit führt dies etwa

---

[14] Vgl. Boschs Abfertigung einer „Abordnung des ‚Gottlosen-Bundes'" (a. a. O.: 58).

[15] So weist Heuss bei Bosch nicht nur eine „Rebellion gegen die Konvention" (a. a. O.: 376) und stets „wache, gelegentlich jähe Bereitschaft zum Widerspruch" (a. a. O.: 365) nach; auch wie Bosch selbst eine ihm angetragene repräsentative Pflicht abwehrte, indem er vorschlug, mitzuteilen, er „hätte eine krankhafte Abneigung gegen solche Angriffe auf meine persönliche Freiheit" (a. a. O.: 365) macht dies deutlich. Auch im Bereich der Politik habe er, so Heuss „zu viel eigenbrötlerische Züge und ein unbekümmertes Freiheitsbedürfnis, um sich in die taktischen Zwänge einer Partei pressen zu wollen." (A. a. O.: 351) – Diese Freiheit, die er für sich in Anspruch nahm, unterstellte er ohne weiteres auch anderen, was Heuss etwa als Grundlage für Boschs Haltung bzgl. sozialer Fürsorge durch das Unternehmen herausarbeitet: „Es widersprach seiner Auffassung von wechselseitiger Freiheit der Entscheidung, ein Arbeits- mit einem Mietsverhältnis zu koppeln." (A. a. O.: 308) „Es herrschte bei Bosch geradezu eine Scheu vor ‚Wohlfahrtseinrichtungen', die den umstrittenen Ruhm mancher deutscher Großunternehmungen bildeten. Wort und Wesen waren verfemt. Nur kein ‚Abhängigkeits'-Gefühl! Das schloß Hilfswilligkeit im Einzelfall nicht aus. Damit mochte sich in Erhebung und pflegerischer Betreuung das Privatsekretariat kümmern, in dem unsentimentales Wohlwollen und Sachkunde ihre Heimat gefunden hatten. Der Betrieb blieb davon getrennt. Nichts von dem, was als systematischer ‚Patriarchalismus' hätte gelten können." (A. a. O.: 307) Dem Einzelnen

zu einem Unabhängigkeitsstreben, das eine langfristige Disponierbarkeit und das Aushalten von ökonomisch schwierigen Phasen ermöglicht: „In der Ära der bankpolitischen Vergesellschaftungen, für die etwa in der Nachbarschaft Daimler zum Modell geworden war, behielt Bosch seine Unabhängigkeit. Sie bedeutete für ihn auch individuelle Freiheit. Er wollte sich selbst verantwortlich bleiben, doch niemandem anderen." (A. a. O.: 127) Der Erfolg des Unternehmens Robert Bosch bis heute ist sicher nicht zuletzt auf diese Haltung zurückzuführen.

Ein weiterer Unternehmer, bei dem dieses Streben nach Erlangung und Erhaltung der Freiheit zu selbstverantworteten Entscheidungen deutlich wird, aber in einer anderen Ausprägung, ist der Gründer von Virgin Records und Inhaber der Virgin Group *Richard Branson* (vgl. u. a. BRANSON 2000). Branson unterscheidet sich von Bosch unter anderem darin, dass er riskante Verhandlungen zur Erhaltung seiner Unabhängigkeit durchaus unter Anwendung von strategischen Täuschungen führt;[16] darüber hinaus schlägt Branson auch durchaus attraktive Angebote aus, wenn er eine Chance sieht, sein Unternehmen unabhängig zu halten.[17] Dass dies nicht als eitles Festhalten an der eigenen Marke gelten kann, sondern eben Ausdruck des Strebens nach Unabhängigkeit ist, zeigt der spätere Verkauf seiner geliebten Marke Virgin Records. Die Chance zu diesem Verkauf ergriff Branson – trotz erheblicher innerer Widerstände sich von dem Schallplatten-Label, durchaus etwas wie ein Lebenswerk, zu trennen – als ihm klar wurde, dass er nur so sich mit seiner Fluggesellschaft Virgin Atlantics gegenüber British Airways würde behaupten können, die alles daran setzten, ihn aus dem Wettbewerb zu

---

wie sich selbst also wo möglich Freiheitsräume zu eröffnen und zu erhalten, war ein Wesenszug dieses Unternehmers.

[16] Vgl. etwa das Ausbooten seines Konkurrenten bei der frühen Unternehmung der Zeitschrift ‚Student', als dieser drohte, Bransons Entscheidungsfreiheit einzuschränken (a. a. O.: 74f.). Robert Bosch wären solche Schachzüge nicht möglich gewesen: „Einen Vertrag abschließen ohne Hintergedanken, ihn aufs pünktlichste erfüllen, ist eine Tat höchster geschäftlicher Klugheit. Immer habe ich nach dem Grundsatz gehandelt: ‚Lieber Geld verlieren als Vertrauen'." (Zit. n. HEUSS 1975: 233)

[17] So hätte er seiner wegen des Erfolgs in Vertriebsschwierigkeiten geratenen Virgin Records mit einer hochdotierten Beteiligung von Island Records aus diesen Schwierigkeiten heraushelfen können – aber eben unter In-Kauf-Nahme der Einschränkung seiner Verfügungsmacht, weshalb er den schwierigeren Weg ging, den Vertrieb eigenständig zu organisieren (BRANSON 2000: 131f.).

verdrängen. Den entscheidenden Anstoß gab die Möglichkeit, mit dem Verkauf weiterhin als Unternehmer eigenständig handeln zu können und sich nicht einschränken lassen zu müssen: Dass ein vertrauter Berater zu Branson sagte: „Cash is the only choice. [...] It'll give you complete freedom", kommentiert er mit: „That made up my mind." (A. a. O.: 463) Das Stichwort „complete freedom" kann auch als Kennzeichnung von Bransons Autonomiestreben gelten; viele seiner unternehmerischen Entscheidungen sind von da aus zu verstehen, dass er sich selbst und anderen diese vollständige Freiheit und Unabhängigkeit beweisen muss.

Bei anderen Unternehmern wie etwa *Steve Jobs*, dem Gründer und Inhaber von Apple, findet sich das Streben nach Autonomie in einer noch einmal gesteigerten Weise, was etwa deutlich wurde, als er bei der Entwicklung des Macintosh III im Mai 1980 auf seinen Design-Vorgaben beharrte, obwohl klar war, dass dies zu Überhitzungsproblemen führen würde. Hier war es Jobs offensichtlich wichtiger, selbst zu entscheiden, als dass eine Fehlentscheidung vermieden wurde (vgl. GARTZ 2005: 72ff.). Damit übersteigerte er den oben von Wolfgang Grupp zitierten Ausspruch, „Nichtentscheiden ist die schlimmste Fehlentscheidung" zu: ,Eine Fehlentscheidung zu treffen, ist weniger schlimm als andere entscheiden zu lassen.' Hier zeigt sich ein interessantes Phänomen, dass wir auch in anderen Dimensionen finden werden: Die Steigerung von Momenten von Handeln überhaupt, die im unternehmerischen Handeln vorliegt und die es offensichtlich kennzeichnet, kann zu *Über*steigerungen führen, die Misserfolge nach sich ziehen, aber auch, wie etwa die extreme Unternehmergestalt des Gründers der Rottweiler Pulverfabrik und ersten Vorsitzenden der Daimler-Motoren-Gesellschaft, *Max von Duttenhofer*, zeigt, recht erfolgreich sein können (vgl. KRAUS 2001). Auch der bereits erwähnte *Wolfgang Grupp*, der vergleichbar mit von Duttenhofer, von dem es hieß, er lebe „wie ein König in Rottweil", als „König von Burladingen" gilt, ist in seinem übersteigerten Beharren auf der eigenen Entscheidung sehr erfolgreich – allerdings ist, diese Prognose sei gewagt, schon absehbar, dass genau dieses Beharren die Nachfolge in der Unternehmensleitung zu einem schwierigen Unterfangen werden lassen wird.

Im unternehmerischen Handeln liegt eine Steigerung von Momenten von Handeln überhaupt vor.

B Krise als Chance vs. Routine als Sicherheit

Das Beharren auf der eigenen Entscheidung zeigt sich bei *Wolfgang Grupp* etwa darin, dass er in der Krise der Textil-Industrie, in der alle seine Konkurrenten entweder aufgeben mussten oder aus Kostengründen ihre Produktion ins Ausland verlagerten, seinen Produktionsstandort beibehielt und sich den Niedrigpreisforderungen seiner Großabnehmer entzog, indem er einen eigenen Vertrieb aufzubauen begann. Offensichtlich hat Grupp hier in der Krise eine Chance gesehen, die nicht nur ein Überstehen eben dieser Krise erlaubte, sondern seinem Unternehmen neue Möglichkeiten erschloss. Das Beharren auf der Eigenständigkeit, auch etwa was die Eigenkapitalquote von hundert Prozent angeht, war weniger ein Ausharren, als dass es Energie für zukunftsöffnende Entscheidungen freisetzte.

Das Ergreifen einer Krise als Chance, gespeist aus dem Streben danach, die Freiheit seiner Entscheidung zu erhalten, zeigt sich auch bei anderen Unternehmern wie etwa dem Gründer von Beluga Shipping, *Niels Stolberg*, der bei Aufkommen und Durchsetzen der Container-Schifffahrt nicht den durch die technologische Entwicklung vorgebebenen Wegen folgte, sondern neue, mit hohem Risiko verbundene eröffnete und den Schwerguttransport als Chance ergriff. Auf diese Weise bietet der Unternehmer neue Lösungen für Handlungsprobleme an und eröffnet so seinen Kunden und darüber hinaus Wege zur Veränderung und Erweiterung der Welt. Damit stellt er sich in direkten Gegensatz zum „routinemäßige[n] Alltag", der „eigentlich nichts anderes ist als die permanente Stillstellung von Transformationsmöglichkeiten". (OEVERMANN 1999: 84)

Unternehmerisches Handeln bedeutet Ergreifen einer Krise als Chance.

Auch bezüglich dieser Haltung, die wiederum eine Steigerung von Momenten von Handeln überhaupt angesichts von Krisen darstellt, kann das Phänomen der Übersteigerung beobachtet werden. Dann setzt sich ein Prinzip, das Josef Schumpeter als „Freude am Gestalten" (SCHUMPETER 1997: 138) bezeichnete, in einer Weise durch, in der das Gestaltete selbst keine Rolle mehr spielt. Dieses Ändern und Wagen „um des Änderns und Wagens und gerade der Schwierigkeiten willen" (a. a. O.: 138f.) zeigt sich etwa in *Richard Bransons* Kampf gegen British Airways, wo er sein Rebellentum inszeniert;[18] deutlicher noch drückt die Übersteigerung dieses Prinzips sich etwa bei *Adolf Merckle*, Gründer von Ratiopharm, Pharmagroßhändler und Eigentümer der 2008/09 in Schwierigkeiten geratenen Merckle Unternehmensgruppe, aus. An einem kleinen Detail, das ein Bergführer berichtet (BAZIL et al. 2009:

---

[18] So etwa, wenn er sich verkleidet und mit der Flagge seiner Fluggesellschaft Virgin Atlantics vor einer Concorde von British Airways als Pirat ˈinszeniert (s. Foto in BRANSON 2000 zw. 408 u. 409).

66f.), zeigt es sich ganz unscheinbar: Merckle und seine Frau brachten bei einer Bergtour den Führer trotz widriger Wetterbedingungen, die alle anderen Bergsteiger zum Abbruch der Tour bewegten, dazu, mit ihnen den Gipfel zu besteigen. Je größer die Schwierigkeiten, umso mehr steigt die Motivation sie zu überwinden. Diese Haltung erweist sich auch in seinen unternehmerischen Entscheidungen, wo die Größe der Widerstände seinen Elan beförderte. Man könnte Merckle als Held des Überwindens bezeichnen, als der er sich noch in der Art seiner Selbsttötung auf den Gleisen zeigte, als er, was für einen Helden das Schlimmste ist, die „Ohnmacht, nicht mehr handeln zu können"[19] verspürte.

C Person vs. Rolle

Nicht nur an dem letztgenannten tragischen Beispiel zeigt sich, dass in die Entscheidungen, die zu treffen sind, der Unternehmer wesentlich als ganze Person involviert ist. Er spielt nicht lediglich eine Rolle, die gegebenenfalls auch jemand anders einnehmen könnte. Gerade dort, wo es darauf ankommt, ist die Entscheidung von der Haltung zur Welt, die eben immer eine persönliche ist, nicht zu trennen. Handeln spielt sich generell im Spannungsfeld von ganzer Person und Rolle ab. Selbst dort, wo wir, wie der idealtypische Bürokrat, lediglich einen Verwaltungsakt vollständig gemäß der Vorgaben ausführen, sind wir, solange nicht ein kybernetisches Programm die Abläufe steuert, als Person beteiligt; dies zeigt sich an der Art der Ausführung. Erst recht ist dies aber dort der Fall, wo das Handeln vorrangig am Pol der Entscheidung angesiedelt ist.

Für den Unternehmer trifft dies, wie wir gesehen haben, in hohem Maße zu; zugleich aber hat er, als Leiter der Organisation Unternehmen, als Vertragspartner von Zulieferern und Kunden, als Rechtsperson verschiedene Rollen inne.[20] Ohne hier im einzelnen auf die Problematik des Rollenbegriffs eingehen zu können (vgl. OEVERMANN 1979 u. 2000.), ist festzuhalten, dass der Unternehmer auch als Rollenträger Entscheidungen trifft, die er – anders als der Manager – persönlich in vollem Umfang zu verantworten hat (s. o., 2.3). Damit steht stets die ganze Person des Unternehmers im Zentrum der Entscheidung. Dies lässt sich an allen Unternehmerbiographien, die in meinen Seminaren behandelt wurden, ablesen: Anders als bei rein rollenförmigen Sozialbeziehungen,

---

[19] So die Familie in ihrer Mitteilung nach Merckles Tod (a. a. O.: 61).

[20] Vgl. auch die Ausführungen zur „Händlerrolle", „Arbeitsleiterrolle" und „Schuldnerrolle" in WERNER 2005 und dazu LOER 2006: 27f.

etwa dem Schalterbeamten bei der Post,[21] handeln sie nicht im Vollzug formaler Vorgaben, sondern bestimmen die Vorgaben selbst. Diesen Aspekt des Handelns hat der deutsche Soziologe Max Weber in vielfältigen Hinsichten behandelt und auf den Begriff ‚Charisma' gebracht.

Charisma ist eine an die Person gebundene Überzeugung von außeralltäglichen Fähigkeiten ebendieser Person. Diese Überzeugung muss der Unternehmer selbst von sich haben und bei anderen sachhaltig hervorrufen

Charisma ist eine an die Person gebundene Überzeugung von außeralltäglichen Fähigkeiten ebendieser Person. Diese Überzeugung muss der Unternehmer selbst von sich haben – nur dann kann er die Schwierigkeiten meistern, die sich ihm jenseits bewährter Handlungslösungen auftun (s. o., S. 14); diese Überzeugung muss er aber auch in anderen wecken: in Kapitalgebern, in Geschäftspartnern, in Mitarbeitern, in Kunden – nur so kann er gerade für seine innovativen, nach bewährten Kriterien (noch) nicht zu beurteilenden Unternehmungen Unterstützung, Vertrauen, Gefolgschaft und Zuspruch gewinnen. Er muss also als Person überzeugen.

Bei *Steve Jobs*, der für seine charismatischen Auftritte bei Produktpräsentationen mittlerweile weltbekannt ist, zeigte sich diese Haltung offensichtlich schon bevor er sein Unternehmen Apple gründete, wie etwa aus der Schilderung des leitenden Ingenieurs von Atari, Alcorn, der Jobs einstellte, deutlich wird: „Ich habe keine Ahnung mehr, warum ich ihn einstellte, ich weiß nur noch, dass er wild entschlossen war, den Job zu bekommen, und dass irgendein Funke spürbar war. Den Funken in diesem Mann konnte ich wirklich erkennen, diese innere Energie, den Willen, sein Ziel zu erreichen. [...] Jemand mit einer inneren Vision, die sich nicht auf äußere Faktoren stützt. Er hatte diese phantastischen Ideen, aber nicht viel, um sie zu untermauern. Nur die Tatsache, dass er an sie glaubte." (Zit. n. YOUNG/SIMON 2007: 36.) – Dass diese offensichtlich rückblickende Äußerung nicht als unvoreingenommene Beschreibung zu nehmen ist, hindert nicht, dass an ihr deutlich wird, dass das persönliche Moment, das Alcorn nicht auf den Begriff bringen, sondern nur bildhaft umschreiben kann, zentral ist.

Wie in den anderen beiden bereits behandelten Dimensionen finden sich aber auch in der Steigerung des persönlichen Moments von Handeln Ausprägungen, die als dessen Überdehnung gelten müssen. Als Beispiel eines interessanten Grenzfalls kann etwa *Wolfgang Grupp* gelten, wenn er, in direktem Gegensatz zu Robert Bosch (s. o., Fn. 15),

---

[21] Beamtenrechtlich betrachtet handelt es sich kaum mehr um Beamte, der Sache nach aber gleichwohl, sind sie doch mit einem Amt betraut, das sie gemäß dessen formalen Vorgaben zu erfüllen haben.

den Familienmitgliedern seiner Mitarbeiter sowohl einen Ausbildungs-
als auch einen Arbeitsplatz garantiert und wenn er sein Unternehmen
als die andere Familie oder die Betriebsfamilie bezeichnet,[22] oder wenn
er – wie viele Familienunternehmer – seinen Kindern die Nachfolge
übertragen will, als prädestiniere Verwandtschaft zum Unternehmer.

Eine weitere Grenzüberschreitung findet sich bei *Reinhold Würth*,
wenn er etwa sein Unternehmen mit Kunst schmückte, die er aus priva-
tem Vermögen angeschafft hat, aber hier zum Imagegewinn für sein
Unternehmen einsetzt.[23] Die Bedeutung der Person der Unternehmers
im unternehmerischen Handeln wird in solchen Phänomenen überstei-
gert: so als sei nicht nur unternehmerisches Handeln *Handeln einer
bestimmten Person im Hinblick auf ihr Unternehmen*, sondern als sei
alles Handeln dieser Person unternehmerisches Handeln bzw. zumindest
relevant für das Unternehmen.

Aufschlussreich sind für diesen Zusammenhang immer die Nachfol-
gelösungen, die Unternehmer für sich finden. Ein interessanter Fall ist
hier *Götz Werner*, der sein Ausscheiden aus dem operativen Geschäft
der von ihm gegründeten DM Drogeriemarkt-Kette wohl vorbereitet
und mit klarer Grenzziehung und Verantwortungsübergabe vollzogen
hat, was sich etwa an dem kleinen Detail zeigt, dass er sein Büro ge-
räumt und dessen weitere Verwendung, auch wenn er dazu Ideen hat,
in die Verantwortung seines Nachfolgers legt (vgl. ASTHEIMER 2009).

---

[22] Bei Richard Branson findet sich eine Bemerkung, die den sachlichen Grund
für die Personifizierung der Beziehungen zwischen den Wirtschaftssubjekten
anspricht: „I have always believed that personal relationships are vital in busi-
ness and that people should be directly accountable for their actions."
(BRANSON 2000: 362) Gleichwohl lässt sich etwa an der Haltung Robert
Boschs ablesen, dass persönliche Verantwortlichkeit und Personalisierung der
Beziehung sich geradezu widersprechen können.

[23] „Seine Kunstsammlung, inzwischen mehr als 8 000 Werke, ist legendär, die
Firmenzentrale ist zugleich ein Museum" (DORFS/HARDT 2005: 7; mittlerweile ist sowohl die Zahl der Kunstwerke noch erheblich angewachsen, als auch
die Organisation von Museen und Stiftung aufgebaut). – Würth vermengte
hier, was Manfred Th. Fischer, der verstorbene Inhaber von Velox Systeme, in
einem meiner Seminare an der Universität Witten/Herdecke einmal klar als
„grünes" und „blaues Geld" unterschied: Das „grüne Geld" ist derjenige
Anteil am Unternehmensgewinn, der als Ermöglichung weiterer Wertschöpfung in das Unternehmen zurückfließt, der also die eigentliche *Funktion* von
Kapital erfüllt: etwas wachsen zu lassen; das „blaue Geld" hingegen ist derjenige Anteil am Unternehmensgewinn, der dem Unternehmer als Unter-
nehmerlohn *persönlich* zukommt.

Darin zeigt sich, dass der Aspekt der Rollenförmigkeit des unternehmerischen Handelns durchaus seine Bedeutung hat und angemessen gewürdigt werden kann.

D Innovativ vs. bewahrend

Handeln – sei es der Bewältigung alltäglicher Aufgaben wie etwa der Zubereitung einer Mahlzeit gewidmet, sei es auf die Lösung krisenhafter Probleme wie etwa die Fortführung oder Scheidung einer spannungsvollen Ehe gerichtet – kann daran orientiert sein, neue Wege zu erproben – hier ein Gewürz zu variieren, dort auf unbekannte Lebensformen sich einzulassen – oder aber auch daran, Bewährtes zu erhalten, Sicherheit in bewährten Kriterien zu finden – hier etwa vom tradierten Kochrezept nicht abzuweichen, dort dem gesellschaftlichen Schema zu folgen.

Für das unternehmerische Handeln hat Josef Schumpeter diese beiden Pole der Dimension auf den Typus des „dynamischen Unternehmers" einerseits, des „statischen Wirts" andererseits gebracht (vgl. hierzu HAX 2005: 27ff.). Wenn wir einen Fall von Gründung betrachten, die für Schumpeter den dynamischen Unternehmer in reiner Form erfordert, so lässt sich dies verdeutlichen. *Götz Werner* berichtete in einem Vortrag: „Als ich damals mit dem Drogeriemarkt dann auf den Weg – da hat mir jeder abgeraten. Jeder abgeraten. Das war damals gerade in der Zeit, wo die Sollzinsen bei sechzehn, siebzehn Prozent lagen, die Habenzinsen waren zwar auch hoch, aber das nützt ja in dem Moment nicht viel (lacht), also die Sollzinsen bei sechzehn, siebzehn Prozent lagen, aber nicht nur, dass die Zinsen hoch lagen, es wollte auch keiner Kredit geben, weil damals Kredit[unverständlich] von der Bundesbank verhängt waren 1973. Also jeder hat abgesagt. Jeder hat gesagt, nee, das dürfen Sie nicht machen. Oder einer hat zu mir gesagt, ja willst du denn wieder ganz von vorne anfangen. Schau mal, das geht doch so schön [unverständlich]. Am schlimmsten sind in dem Fall die Schwiegereltern (Lachen)" (WERNER 2006: 4). An anderer Stelle formulierte er einmal: „Wer auf seine Schwiegereltern hört, kann nicht Unternehmer werden." Eltern wünschen sich für ihre Töchter das Beste (und den Besten) und sie haben, wenn ihre Töchter heiraten, eine Lebensstufe erreicht, auf der die Maßstäbe für das, was für sie das Beste ist, in der Regel etabliert sind. Werner macht also in diesem Bild deutlich, dass die unternehmerische Entscheidung im Gegensatz steht zu dieser das Bewährte bewahren wollenden Haltung von (Schwieger-)Eltern und anderen besorgten Ratgebern.[24]

Gleichwohl bedarf es aber auch im unternehmerischen Handeln der Seite des Bewahrens durch Orientierung am Bewährten – etwa an den vom Rechnungswesen bereitgestellten Daten. So heißt es bei *Reinhold Würth*, der mit seinen neuen kundennahen Verkaufsmethoden ja durchaus unbekannte Wege fruchtbringend erschloss: „Zahlen sind mit das Wichtigste für mich. Wenn hier einer in der Firma die Zahlen anguckt, dann bin ich's." (WÜRTH 2002: 27; zit. n. VENOHR 2008: 26) Der dynamische Unternehmer, der am Pol des innovativen Handelns angesiedelt ist, kann also auf die kaufmännische Seite des Bewahrens nicht verzichten; erschöpfte sich allerdings sein Handeln darin, dann wäre er eben Verwalter, nicht Unternehmer.

Auch in dieser Dimension finden wir Übersteigerungen auf der Seite des Innovativen, die ihre Konsequenz: das, was Schumpeter die „schöpferische Zerstörung" nennt, unkontrolliert ausdehnen und so weitere Innovativität eher behindern. Ganz im Sinne seines Credos „Die Gabe, Geld zu verdienen, ist ein Geschenk Gottes, ein Pfund mit dem wir wuchern müssen, so gut wir können. Da ich diese Gabe nun einmal habe, ist es meine Pflicht, Geld zu verdienen und noch mehr Geld zu verdienen"[25], nutzte etwa *John D. Rockefeller* Möglichkeiten der Produktivitätssteigerung bei der Gewinnung von Lampenöl zur Verhinderung der nennenswerten Verbreitung von elektrischem Licht.

---

[24] Hier zeigt sich auch eine Beharrlichkeit und Unempfindlichkeit gegenüber Kritik gemäß etablierter Maßstäbe (was eine eigene, hier nicht auszuführende Dimension ausmacht), die an Robert Boschs Haltung bei der Gründung seines Unternehmens anschaulich wird: „Die Aussichten waren schwer abzuschätzen. Wohlmeinende Bekannte fanden es reichlich mutig, ohne einen größeren Kapitalhintergrund jetzt in diesen Gewerbezweig zu gehen, mit dem Ziel, ‚namentlich elektrotechnische Apparate zu bauen', denn es war offenkundig, daß die bestehenden und kürzlich neu gegründeten Großfirmen mit ihrer spezifischen Erfahrung und ihrem spürbaren Expansionsdrang einem Neuling sehr unbequem werden könnten. Doch Bosch meinte zu einem der Skeptiker, daß schließlich die Großfirmen nicht alles machen könnten und ‚daß es immerhin noch Dinge gebe, in welchen das persönliche Vertrauen eine Rolle spiele'." (HEUSS 1975: 67) Der Hermeneut des Marktes muss also zugleich auf seiner für richtig befundenen Entscheidung beharren können.

[25] Zit. n. ABELS 1965: 280.

E Gestaltwahrnehmung vs. Datenorientierung

Wenn nun gerade auf der Seite des innovativen Handelns wegen seiner Innovativität Maßstäbe seiner Beurteilung fehlen – worin kann dann dieses Handeln seinen Grund finden? Eine explizite Orientierung an vorliegenden Daten ist sicherlich ein Ausgangspunkt, so wie man bei wichtigen Entscheidungen im Alltag – etwa dem Kauf eines neuen Autos – sich auch alle relevanten Daten beschafft und berücksichtigt. Wenn aber der Entscheider „bloß Konsequenzen zieht aus vorhandenen Daten" (SCHUMPETER 1997: 137), so wird er im besten Fall eine bewährte Lösung für ein bekanntes Problem entwerfen – nicht aber eine innovative Lösung oder gar eine Lösung für ein Problem, das durch die Lösung überhaupt erst als solches erkannt wird (statt weiterhin als Zustand der Welt, wie sie nun einmal ist, zu gelten).

Hierfür bedarf es eines Umgangs mit der erfahrbaren Welt, der ihr in einem häufig intuitiven Zugriff ein Bild abgewinnt, eine Gestalt erfasst, deren Stimmigkeit sich in einem „Evidenzerlebnis" (WERNER 2006: 2ff.) zeigt. Dieser Zugang zur Welt muss gerade gewohnte Pfade verlassen, was es erst erlaubt, Wohlbedachtes auf neue Weise zu kombinieren. Diese Wahrnehmungsweise teilt der Unternehmer mit dem Forscher und dem Künstler. Anschaulich zeigt dies etwa die Episode über den Chemiker August Kekulé von Stradonitz, der auf der Grundlage eines Traumes von einer sich selbst in den Schwanz beißenden Schlange 1865 die Ringstruktur des Benzols postulierte (KEKULÉ 1890: 942). Lange hatte er versucht, die Molekülstruktur der Verbindung von Kohlenstoff und Wasserstoff zu erschließen, versucht also, ‚aus vorhandenen Daten – etwa über die Masseverteilung der beteiligten Stoffe – Konsequenzen zu ziehen'.[26] Beim Inbeziehungsetzen des geträumten Symbols zum Ring stellte sich ein Evidenzerlebnis ein. Der Traum hatte die bewährten Deutungsmuster außer Kraft gesetzt, plötzlich konnte sich etwas zusammenschließen und Kekulé nahm eine stimmige Gestalt wahr.

Steve Jobs bezeichnet diese Gestaltwahrnehmung als „connecting the dots"[27] und *Götz Werner* spricht davon, der Unternehmer sei „Realträumer" (WERNER 2007: 9). Die häufige Rede von der ‚richtigen Nase',

> *In seinem Zugang zur Welt muss der Unternehmer gewohnte Pfade verlassen und Wohlbedachtes auf neue Weise kombinieren.*

---

[26] Vgl. die ausführliche Darstellung der Bemühungen in der Geschichte der Benzol-Theorie bei ANSCHÜTZ 1929: 540-553.

[27] JOBS 2005: 1f.; Jobs bezieht es dort auf die retrospektive Wahrnehmung der Kohärenz des Lebensweges.

dem ‚goldenen Händchen', dem ‚guten Gespür' des Unternehmers zielt auf diesen Aspekt, der einen Aspekt allen Handelns darstellt, aber eben in gesteigerter Weise unternehmerischem Handeln seinen Grund gibt.

In dieser knappen Übersicht beschränken wir uns auf die bisher angeführten Dimensionen. Im folgenden soll noch einmal knapp systematisierend das – vorläufige – Ergebnis unserer Erwägungen skizziert und dann kurz der Verankerung des unternehmerischen Handelns in der biographischen Konstellation des Unternehmers nachgespürt werden.

3.3 Themen und Variationen

In allen hier betrachteten Dimensionen des Handelns zeigte sich, dass im unternehmerischen Handeln spezifische Vereinseitigungen und Steigerungen zu finden sind, die auch manchmal zu Übersteigerungen führen. Dabei fällt auf, dass die Steigerungen jeweils an demjenigen Pol zu finden sind, der aus der Perspektive einer in überkommenen Bahnen verlaufenden Alltagspraxis der irritierende, abweichende, Bewährtes infrage stellende ist. Vor diesem Hintergrund kann man das Phänomen der Übersteigerung so deuten, dass die Schwerkraft des Gewöhnlichen so stark ist, dass sie zu ihrer Überwindung, also zur Ausbildung eines ausgeprägten, in der Person (C) verankerten autonomen (A) Strebens nach Neuerung (D), zum Aufsuchen von krisenhaften Situationen als Chance dafür (B) und zur Orientierung an der evidenten Gestaltwahrnehmung (E) besondere Anstrengungen erforderlich macht, die dann ihrerseits zu einem Abheben führen können.

Zugleich aber zeigt sich, dass im unternehmerischen Handeln Aspekte von Handeln überhaupt sich zum eigenständigen Thema erheben. Der Unternehmer ist ein Virtuose autonomer riskanter Entscheidung für neue Wege, die in persönlicher Weltwahrnehmung und Erfahrung gründet. Diese Themen aber, so konnten wir anhand der hier zitierten Fälle zumindest andeuten, treten in vielfältigen Variationen auf.

3.4 Biographische Konstellationen

Einige wenige Schlaglichter sollen nun noch die Bedeutung der jeweiligen biographischen Konstellation für die spezifische Ausprägung der unterschiedlichen Unternehmerpersönlichkeiten beleuchten.

Wie etwa kommt es zu der besonderen Bedeutung des Themas der *Autonomie* im Leben eines Menschen und warum in der Variation, wie wir sie jeweils antreffen?

Betrachten wir die familiale Konstellation, in der *Robert Bosch* sozialisiert wurde, so zeigt sich rasch, dass hier eine produktive Spannung vorliegt zwischen einerseits der Notwendigkeit, sich als elftes von zwölf Geschwistern zu behaupten, und andererseits dem diesbezüglich herausragenden Vorbild des Vaters, der wegen der Geschwisterkonstellation eine besondere Identifikationsfigur darstellte und so als sehr eigenständiger Mensch die Haltung Roberts zur Welt prägte, zu genügen. Dabei war sowohl im Verhältnis zu den Geschwistern wie im Vorbild des Vaters stets ein Moment des Kampfes enthalten, der nur im Beharren auf der Eigenständigkeit zu bestehen war. Dass dabei die Offenheit des Elternhauses als Gasthof für Fernhandelsleute eine Rolle spielte, kann hier nur angedeutet werden.

Anders gelagert ist es bei *Richard Branson*, dessen Mutter ihn schon als kleinen Jungen stets vor ihn überfordernde Aufgaben stellte, deren Bewältigung ihm Anerkennung einbrachte; inhaltlich bestand die Anerkennung allerdings darin, dass ihm die nächste Aufgabe erteilt wurde.[28] Damit erfuhr Branson sich als mit einer Welt konfrontiert, in der allein eine rastlose autonome Bewältigung von Aufgaben die Chance auf Anerkennung eröffnet und in der Anerkennung gerade in der Konfrontation mit neuen Aufgaben besteht. Diese in sich dynamische Struktur bringt nicht nur Bransons unternehmerische Aktionen überhaupt hervor, sondern gibt ihnen auch eine Richtung, die sich besonders an seiner jüngsten Unternehmung, der Raumfahrtgesellschaft Virgin Galactic, zeigt: „plus ultra".[29]

---

[28] Vgl. BRANSON 2000: 15, wo Branson berichtet, dass er, jünger als zwölf Jahre, kaum dass er eine lange Fahrrad-Orientierungs-Tour bewältigt hatte, von der Mutter, stolz darüber, dass er die Prüfung bewältigt hatte, zum Nachbarn geschickt wurde, um ihm beim Hacken schwerer Holzstämme zu helfen.

[29] Dieses Motto, mit dem die Begrenzung der Welt durch die Säulen des Herkules (non plus ultra) seit den Entdeckungen des Kolumbus negiert wurde, ist laut SCHUMPETER (1997: 137) das Motto des Unternehmers. Bei Branson zeigt sich diese Haltung auch in solchen Aktionen wie der Weltumseglung in einem Heliumballon. Dass Branson ein Raumschiff nach seiner Mutter benannte (s. http://www.virgingalactic.com/overview/spaceships/; Abruf am 7. Mai 2010) und nun das Bild seiner Mutter auf das Virgin SpaceShipTwo

Eine weitere Variation findet sich bei *Adolf Merckle*, der, wie oben angedeutet, seine Autonomie als Held des Überwindens unter Beweis stellte. Das ‚Gesetz des Lebens, nach dem er angetreten, und dem er nicht entfliehen kann', ist auf tragische Weise mit der deutschen Geschichte verknüpft: 1934 geboren und auf den gleichen Namen getauft wie Hitler, der im Sudetenland, wo Merckles Familie lebte, wegen seiner Anschlussversprechen auf Sympathie zählen konnte, aufwachsend in der Beeinflussung durch die nationalsozialistischen Jugendorganisationen in einer ihn persönlich angehenden Siegesgewissheit, muss er die Untergangserfahrung persönlich bewältigen. Diese ist, da sie ihn in einem Alter trifft, in dem er noch nicht politisch verantwortlich ist (vgl. LOER 1999), keineswegs inhaltlich an die Politik des Nationalsozialismus geknüpft, aber strukturell kann er diese Erfahrung als persönliches Schicksal nur durch eine gesteigerte Haltung des Überwindens von Schwierigkeiten verkraften – bis zu dem Zeitpunkt, da er die „Ohnmacht, nicht mehr handeln zu können" erfährt.

Woraus speist sich, um ein weiteres Thema aufzugreifen, das *Charisma* des Unternehmers in den verschiedenen Varianten? Wenn wir die Biographien unterschiedlicher Unternehmer betrachten, so finden wir in ihrer sozialisatorischen Konstellation in mehr oder weniger ausgeprägter Weise stets eine Kombination von starker Herausforderung und sicherer Unterstützungserfahrung.

Eine Kombination von starker Herausforderung und sicherer Unterstützungserfahrung zeichnet die sozialisatorische Konstellation von Unternehmern aus.

Für *Steve Jobs* etwa muss die besondere Situation, in der er als Adoptivkind war, als wesentlich betrachtet werden: auf der einen Seite verlassen von den leiblichen Eltern, was er erst spät erfuhr, was sich aber unweigerlich mitteilt, stets auf der Suche nach seinem Ort in der Welt; auf der anderen Seite aufgrund der Vorgaben seiner leiblichen an die Adoptiveltern und aufgrund der Tatsache, dass er für diese die Erfüllung eines langgehegten Kinderwunsches darstellte, von ihnen in allem und mit allen Mitteln unterstützt und gefördert, was wiederum zugleich eine ständige Bringschuld hervorbrachte. Jobs Lösung hierfür ist offensichtlich, dass er die Überzeugung herausbildete und glaubwürdig zum Ausdruck brachte und bringt, dass es sein Ort in der Welt ist, dieser Welt etwas zu geben, das besser ist. „Better than" zieht sich wie ein Schlüsselwort durch die Präsentation der neuesten Entwicklung von Apple, dem iPad, durch Steve Jobs (vgl. JOBS 2010), und die Überzeu-

---

malen ließ (CEH. 2009), verbindet in aller Ambivalenz Ursprung und Ziel seiner unternehmerischen Bestrebungen.

gung, dieses „better than" erfüllen zu müssen und zu können, scheint das ‚Gesetz des Lebens, nach dem er angetreten, und dem er nicht entfliehen kann'.

Für *Richard Branson*, von dem bereits herausgestellt wurde, welchen Herausforderungen er seit frühester Kindheit ausgesetzt war, gilt ebenfalls zugleich komplementär: „I cannot remember a moment in my life when I have not felt the love of my family. We were a family that would have killed for each other – and we still are." (BRANSON 2000: 18) Bei aller Ambivalenz, die in der Formulierung und in der Tatsache, dass Branson sie so heraushebt, enthalten ist, muss von der grundlegenden Unterstützungserfahrung ausgegangen werden. Auch hier also wurzeln die Notwendigkeit der Herausbildung einer charismatischen Haltung zu sich selbst und die Möglichkeit hierzu im selben Boden, der in einem steinig und fruchtbar ist.

Ganz anders, so scheint es, ist die Lage bei *Robert Bosch*: Kein Charismatiker, der der Welt gegenübertritt in der Überzeugung, sie beglücken zu müssen und zu können. Aber wenn man sich das unaufdringliche Handeln Boschs anschaut, so findet sich auch hier die Überzeugung, aus eigener Leistung etwas bewirken und bewegen zu können: etwa das Beharren auf Qualitätsprodukten, und die Sicherheit, dafür auch entsprechende Gegenleistung und Preise verlangen zu können; und es findet sich das Streben danach, es in der Beharrlichkeit bezüglich des einmal für richtig Erkannten dem Vater gleichzutun und sich damit gerade auch gegenüber seinen Brüdern letztlich zu behaupten.[30] Möglicherweise liegt die größte Anerkennung, die Bosch zu Lebzeiten widerfuhr, darin, dass seine Arbeiter ihn „d'r Vadder Bosch" nannten …

---

[30] „Brüder sind in Bevormundungen groß, namentlich wenn *sie* es zu etwas gebracht haben …" (HEUSS 1975: 51)

4 Schlussbemerkung

Der Zusammenhang zwischen der familialen Konstellation und den Variationen der Themen unternehmerischen Handelns konnte hier nur exemplarisch angedeutet werden. Wenn, wie hier im ersten Teil ausgeführt, die Themen unternehmerischen Handelns gesteigerte Ausprägungen von Aspekten des Handelns überhaupt darstellen, so wäre es für die Unternehmerforschung wichtig, einerseits diese Themen deutlicher herauszuarbeiten und andererseits biographisch sozialisatorische Konstellationen zu rekonstruieren, die sich als Grund für bestimmte Variationen zu den Themen erweisen lassen. Eine Typologie unternehmerischen Handelns in Gestalt und Bildung könnte so materialhaltig entwickelt werden. Dabei geht es nicht um Psychologisierung. Unternehmerforschung muss die Person des Unternehmers mit ihrer Lebensgeschichte ins Zentrum rücken. Dabei muss sie sowohl die Struktur als auch die immer soziale Genese unternehmerischen Handelns in seiner Vielfalt und Einheit herausarbeiteten. Solche Unternehmerforschung erst würde sowohl für die Theorie moderner Gesellschaften einen erhellenden Beitrag leisten können wie der Praxis einer ‚entrepreneurship education' durch das Exemplarische ihrer Analysen Ankerpunkte in der auf den Begriff gebrachten je besonderen Wirklichkeit geben.

5 Literatur

ABELS, JULES (1965): The Rockefeller Billions. The Story of the World's Most Stupendous Fortune. New York; London: Macmillan

ANSCHÜTZ, RICHARD (1929): August Kekulé. Band I: Leben und Wirken. Berlin: Verlag Chemie

ASTHEIMER, SVEN (2009): Götz Werner. Milliardär mit Grundeinkommen. In: FAZ: 10./11.3.2009

BAZILI, BEAT; GRILL, MARKUS; HOLLERSEN, WIEBKE; KAISER, SIMONE; TUMA, THOMAS (2009): „Er hat nimmer können". In: Der Spiegel 3: 61–69

BRANSON, RICHARD (2000): Losing my Virginity. The Autobiography. London: Virgin

BRENTANO, LUJO (1907): Der Unternehmer. Berlin: Verlag von Leonhard Simion Nf. (Vortrag gehalten am 3. Januar 1907 in der Volkswirtschaftlichen Gesellschaft in Berlin)

CEH. (2009): Fahrschein ins All für 200 000 Dollar. In: FAZ: 9.12.2009

DORFS, JOACHIM; HARDT, CHRISTOPH (2005): Reinhold Würth: „Nur Wachstum hilft gegen den Tod". In: Wirtschaftswoche 4.12.2005: 1–7

EUCKEN, WALTER (1959): Die Grundlagen der Nationalökonomie. Berlin, Göttingen, Heidelberg: Springer-Verlag [Enzyklopädie der Rechts- und Staatswissenschaft, Bd. 7]

— (4., unveränd. Aufl. 1968): Grundsätze der Wirtschaftspolitik. Tübingen, Zürich: Mohr (Siebeck), Polygraphischer Verlag A.G. (Herausgegeben von Edith Eucken und K. Paul Hensel)

GARTZ, JOACHIM (2005): Die Apple-Story. Aufstieg, Niedergang und „Wieder-Auferstehung" des Unternehmens rund um Steve Jobs. Kilchberg: SmartBooks

HAX, HERBERT (2005): Unternehmen und Unternehmer in der Marktwirtschaft. Göttingen: Vandenhoeck & Ruprecht

HEUSS, THEODOR (1975): Robert Bosch. Leben und Leistung. München: Wilhelm Heyne Verlag

JOBS, STEVE (2005): „You've got to find what you love," Jobs says. Stanford (Commencement address, delivered on June 12, 2005; http://news-service.stanford.edu/news/2005/june15/jobs-061505.html?view=print; Abruf 19. Nov. 2009)

— (2010): Apple Special Event January 2010. (Abruf 20. Apr. 2010, http://www.apple.com/quicktime/qtv/specialevent0110; [presentation of a new tablet computer, the iPad])

KEKULÉ, AUGUST [August Kekulé von Stradonitz] (1890): Rede von August Kekulé, gehalten bei der ihm zu Ehren veranstalteten Feier der Deutschen Chemischen Gesellschaft im großen Saal des Rathauses der Stadt Berlin am 11. März 1890. Ber. d. deutsch. chem. Ges. 23, 1302 (1890). In: ANSCHÜTZ, RICHARD: August Kekulé. Band II: Abhandlungen, Berichte, Kritiken, Artikel, Reden, Berlin: Verlag Chemie 1929, 937–947

KRAUS, JÖRG (2001): Für Geld, Kaiser und Vaterland. Max Duttenhofer, Gründer der Rottweiler Pulverfabrik und erster Vorsitzender der Daimler-Motoren-Gesellschaft. Bielefeld: Delius & Klasing

KÜNG, EMIL (1980): Wirtschaft. In: KLOSE, ALFRED; MANTEL, WOLFGANG; ZSIFKOVITS, VALENTIN (ed.), Katholisches Soziallexikon. Innsbruck, Wien, München; Graz, Wien, Köln: Verlag Tyrolia; Verlag Styria, Sp. 3358–3365

LIEBERMANN, SASCHA; LOER, THOMAS (2010): Der Beitrag des Unternehmens zum Gemeinwohl ist die Wertschöpfung. In: WERNER, GÖTZ W.; DELLBRÜGGER, PETER (ed.), Wa(h)re Moral – ein gutes Geschäft!?, Karlsruhe: KIT Scientific Publishing, im Druck

LOER, THOMAS (1999): Nationalsozialismus in der Zwischengeneration. Zum Zusammenhang von Zeitgeschichte, Generation und Biographie – Skizze anläßlich einer Fallstudie. In: KELLER, BARBARA (ed.), Erinnerungspolitiken, Biographien und kollektive Identitäten. Bonn: APP u. DBV, 375–398

— (2006): Zum Unternehmerhabitus – eine kultursoziologische Bestimmung im Hinblick auf Schumpeter. Karlsruhe: Universitätsverlag Karlsruhe (Studienhefte des Interfakultativen Instituts für Entrepreneurship an der Universität Karlsruhe, Heft 3; http://www.uvka.de/univerlag/volltexte/2006/125/)

— (2007): Die Region. Eine Begriffsbestimmung am Fall des Ruhrgebiets. Stuttgart: Lucius & Lucius

— (2008): Normen und Normalität. In: WILLEMS, HERBERT (ed.), Lehr(er)buch Soziologie. Für die pädagogischen und soziologischen Studiengänge. Band 1: Grundlagen der Soziologie und Mikrosoziologie. Wiesbaden: VS Verlag für Sozialwissenschaften, 165–184

MARSHALL, ALFRED (1997): Principles of Economics. Amherst/NY: Prometheus Books (Abridgement of the eighth edition (1920) which excludes Books 4 and 6 and the appendices)

MERTON, ROBERT K. (1940): Bureaucratic Structure and Personality. In: ders., Social Theory and Social Structure. New York, London: The Free Press/Macmillan 1968, 249–260

OEVERMANN, ULRICH (1979): Sozialisationstheorie. Ansätze zu einer soziologischen Sozialisationstheorie und ihre Konsequenzen für die allgemeine soziologische Analyse. In: LÜSCHEN, GÜNTHER (ed.), Deutsche Soziologie seit 1945. Opladen: Westdeutscher Verlag, 143–168

— (1999): Strukturale Soziologie und Rekonstruktionsmethodologie. In: GLATZER, WOLFGANG (ed.), Ansichten der Gesellschaft. Frankfurter Beiträge aus Soziologie und Politikwissenschaft. Opladen: Leske + Budrich, 72–84

— (2000): Keynote address: The difference between community and society and its consequences. In: ROSS, ALISTAIR (ed.), Developing Identities in Europe. Citizenship education and higher education. Développer les identités en Europe: Formation civique et enseignement supérieur. Sich entwickelnde Identitäten in Europa: Staatsbürgerschaftskunde und Weiterbildung. London: CiCe, 37–61

ROHRHIRSCH, FERDINAND (2009): Führung und Scheitern. Über Werte und den Wert des Scheiterns im Führungsalltag – Wie Führung glückt. Wiesbaden: Gabler

SCHMIDT, MAX (1920): Grundriß der ethnologischen Volkswirtschaftslehre. I. Band: Die soziale Organisation der menschlichen Wirtschaft. Stuttgart: Verlag von Ferdinand Enke

SCHUMPETER, JOSEPH ALOIS (9. Aufl. 1997): Theorie der wirtschaftlichen Entwicklung. Eine Untersuchung über Unternehmergewinn, Kapital, Kredit, Zins und den Konjunkturzyklus. Berlin: Duncker & Humblot (unverändert. Nachdr. der 1934 erschienenen vierten Aufl.)

SEARLE, JOHN R. (1983): Sprechakte. Ein sprachphilosophischer Essay. Frankfurt/M.: Suhrkamp (stw 458; Übersetzung von R. und R. Wiggershaus; amerik. Originalausg.: 'Speech Acts', Cambridge 1969)

SOMBART, W. (1959): Wirtschaft. In: VIERKANDT, ALFRED; SOMBART, WERNER; VON WIESE, LEOPOLD; WEBER, ALFRED; BRIEFS, G.; EULENBURG, F.; OPPENHEIMER, F.; TÖNNIES, FERDINAND (ed.), Handwörterbuch der Soziologie. Stuttgart: Ferdinand Enke Verlag, 652–659

STARBATTY, JOACHIM (2010): Marktwirtschaft gibt es nicht ohne Haftung. Ach, könnten amerikanische Ökonomen doch deutsche Fachliteratur lesen! In: FAZ: 18.1.2010

STIGLITZ, JOSEPH E. (2009): Too big to live. In: Project Syndicate: 7.12.2009

VENOHR, BERND (2008): Wachsen wie Würth. Das Geheimnis des Welterfolgs. Frankfurt/M.: Campus Verlag

WATZLAWICK, PAUL; BEAVIN, JANET H.; JACKSON, DON D. (9., unveränd. Aufl. 1996): Menschliche Kommunikation. Formen, Störungen, Paradoxien. Bern, Göttingen, Toronto & Seattle: Verlag Hans Huber

WEBER, MAX (1920): Vorbemerkung. In: ders., Gesammelte Aufsätze zur Religionssoziologie I. Tübingen: Mohr (Siebeck), 1–16

WERNER, GÖTZ W. (2005): Die drei Unternehmerrollen. (Vorlesungen 7 und 8 vom 12.01.2005 und 19.01.2005; http://www.iep.uni-karlsruhe.de/download/ WS0405_V07_12012005_V08_19012005_S.pdf)

— (2006): Protokoll eines Vortrags mit Diskussion von W; Berlin, 9. Nov. 2006. (Aufzeichnung: T. Loer; Rohtranskription: Lydia Schlüter; korrigierte Transkription: T. Loer; 28 S.)

— (2007): Einkommen für alle. Köln: Kiepenheuer & Witsch

WÜRTH, REINHOLD (2. aktualis. u. erg. Aufl. 2002): Entrepreneurship in Deutschland. Wege in die Verantwortung. Künzelsau

YOUNG, JEFFREY S.; SIMON, WILLIAM L. (2007): Steve Jobs und die Erfolgsgeschichte eines außergewöhnlichen Unternehmens. Frankfurt/M.: Fischer Taschenbuch Verlag

Der Verfasser

Dr. phil. Thomas Loer, MA in Philosophie, Promotion u. Habilitation in Soziologie, Privatdozent an der Wirtschafts- und Sozialwissenschaftlichen Fakultät der TU Dortmund, Mitbegründer und Herausgeber (2000-2008) von „sozialer sinn. Zeitschrift für hermeneutische Sozialforschung"; Klinischer Soziologe – Publik.: Die Region (Stuttgart 2007), Zum Unternehmerhabitus (Karlsruhe 2006), Standardisierung und Fallorientierung in der Arzt/Patient-Interaktion im Krankenhaus (Aufs. 2010), „Überflüssige", „Überzählige", „Entbehrliche" (gem. m. S. Liebermann, Aufs. 2009), Die Sozialform des Teams (Aufs. 2009) – Arbeitsschwerp.: Kultursoziologie, objektive Hermeneutik, Klinische Soziologie, unternehm. Handeln

Kontakt: thomas.loer@udo.edu

„Wissen ist Schlaf. Realisieren ist Macht."

– Reinhold Würth –